道路运输驾驶员
应急驾驶操作指南

交通运输部公路科学研究院　编著

人民交通出版社股份有限公司
北　京

内容提要

本书介绍了机动车应急驾驶处置原则和操作基本要领、分场景应急处置方法、分场景紧急脱险方法,综合国内外道路运输驾驶员应急驾驶操作的经验,归纳了14种应急驾驶场景规避险情的措施及要领,并提出了相应的注意事项。

本书可供各地交通运输主管部门督促指导道路运输经营者加强驾驶员应急驾驶技能培训,为提升驾驶员应急处置能力提供参考借鉴,也可供城市公共汽电车、出租汽车驾驶员提升应急处置能力时参考。

图书在版编目(CIP)数据

道路运输驾驶员应急驾驶操作指南 / 交通运输部公路科学研究院编著. —北京:人民交通出版社股份有限公司,2021.6
ISBN 978-7-114-17363-9

Ⅰ.①道… Ⅱ.①交… Ⅲ.①机动车—驾驶术—指南 Ⅳ.① U471.1-62

中国版本图书馆 CIP 数据核字(2021)第 101651 号

Daolu Yunshu Jiashiyuan Yingji Jiashi Caozuo Zhinan

书　　名:	道路运输驾驶员应急驾驶操作指南
著　作:	交通运输部公路科学研究院
责任编辑:	杨丽改　姚　旭
责任校对:	孙国靖　龙　雪
责任印制:	张　凯
出版发行:	人民交通出版社股份有限公司
地　　址:	(100011)北京市朝阳区安定门外外馆斜街3号
网　　址:	http://www.ccpcl.com.cn
销售电话:	(010) 85285857
总 经 销:	人民交通出版社股份有限公司发行部
经　　销:	各地新华书店
印　　刷:	北京市密东印刷有限公司
开　　本:	880×1230　1/32
印　　张:	1.875
字　　数:	60千
版　　次:	2021年6月　第1版
印　　次:	2025年1月　第4次印刷
书　　号:	ISBN 978-7-114-17363-9
定　　价:	15.00元

(有印刷、装订质量问题的图书由本公司负责调换)

编 写 组

主　　编：张国胜

副 主 编：周　炜　姜慧夫

参编人员：杜林森　秦　箫　刘宏利　任春晓
　　　　　张学文　杨丽改　崔海涛　刘　倡
　　　　　车霄宇　汪　洋　胡　猛　战　琦

前言 PREFACE

随着我国道路运输行业的快速发展,机动车在途故障、交通事故、突遇灾害等突发事件频发,由于当前我国道路运输驾驶员缺乏突发事件的应急处置技能,导致突遇险情时常出现处置不当、逃生不及等情况,如2013年"3·12"荆州长江大桥客车坠桥事故、2016年内蒙古绥满高速公路博克图段"9·24"重大道路交通事故、2021年沈海高速公路江苏盐城段"4·4"重大道路运输事故,造成大量人员伤亡与财产损失,社会影响巨大。

为深入贯彻落实党中央、国务院关于安全生产的决策部署,深刻汲取事故教训,提升道路运输驾驶员应急驾驶操作能力,2021年4月27日,交通运输部办公厅印发了《道路运输驾驶员应急驾驶操作指南(试行)》,要求加强道路运输驾驶员应急驾驶技能教育培训,不断提升驾驶员应急处置能力。

本书以《道路运输驾驶员应急驾驶操作指南(试行)》为基础,针对道路运输驾驶员遭遇突发情况的应急处置、事故脱险与逃生等情形,以图文并茂的形式编绘了乘客侵扰驾驶员、车辆燃烧、长大下坡制动失效等14个突发场景的应急处置原则、现场处置流程、事后逃生措施。为帮助读者更好地理解掌握主要知识点的原理、法

道路运输驾驶员应急驾驶操作指南

律法规等内容,编写组在书中增补了图片和视频资源。希望本书能为各地交通运输主管部门指导道路运输驾驶员提升应急驾驶操作能力提供参考借鉴。

编写组

2021 年 4 月

目 录
CONTENTS

01 依据和适用范围

1.1　主要依据　…………………………………　1
1.2　适用范围　…………………………………　1

02 应急处置原则

2.1　以人为本，生命至上　……………………　3
2.2　沉着冷静，准确判断　……………………　3
2.3　及时减速，规避风险　……………………　3
2.4　避重就轻，减少损失　……………………　4

03 应急处置操作基本要领

3.1　减速停车　…………………………………　5
3.2　警示　………………………………………　5
3.3　逃生　………………………………………　7

道路运输驾驶员 应急驾驶操作指南

  3.4 疏散 …………………………………… 8
  3.5 报警 …………………………………… 9
  3.6 救助 …………………………………… 9
  3.7 现场保护 ……………………………… 10
  3.8 报告 …………………………………… 10

04 分场景应急处置方法

12

  4.1 乘客干扰驾驶员 ……………………… 12
  4.2 车辆自燃 ……………………………… 14
  4.3 长大下坡制动失效 …………………… 19
  4.4 车辆爆胎 ……………………………… 21
  4.5 湿滑路面行驶 ………………………… 23
  4.6 紧急躲避障碍物 ……………………… 26
  4.7 驾驶视线不良 ………………………… 27
  4.8 突遇自然灾害 ………………………… 31
  4.9 驾乘人员突发疾病 …………………… 34

05 分场景紧急脱险方法

37

  5.1 危险化学品泄漏 ……………………… 37
  5.2 车辆碰撞 ……………………………… 42
  5.3 车辆侧翻 ……………………………… 43
  5.4 车辆起火 ……………………………… 45
  5.5 车辆落水 ……………………………… 49

01 依据和适用范围

1.1 主要依据

为深入贯彻落实党中央、国务院关于安全生产的决策部署，切实提升道路运输驾驶员应急驾驶操作能力，妥善处置各类突发情况，防止发生道路运输安全事故，保障人民群众生命和财产安全，依据《中华人民共和国安全生产法》《中华人民共和国道路交通安全法》《中华人民共和国突发事件应对法》《生产安全事故应急条例》《危险化学品安全管理条例》《交通运输突发事件应急管理规定》等有关法律，以及《国务院关于加强道路交通安全工作的意见》《中共中央 国务院关于推进安全生产领域改革发展的意见》等有关部署，交通运输部组织制定了《道路运输驾驶员应急驾驶操作指南（试行）》（以下简称《指南》）。

1.2 适用范围

《指南》围绕道路运输驾驶员遇到突发情况的应急处置、事故脱险与逃生等情形，针对乘客干扰驾驶员、车辆自燃、长大下坡时制动失效、车辆爆胎、湿滑路面行驶、紧急躲避障碍物、驾驶视线不良、

道路运输驾驶员应急驾驶操作指南

突遇自然灾害、驾乘人员突发疾病、危险化学品泄漏、车辆碰撞、车辆侧翻、车辆起火、车辆落水等14个典型危险情况，提出了相应的应急处置措施及要领、注意事项，为各地交通运输主管部门督促指导道路运输经营者加强驾驶员应急驾驶技能培训，提升驾驶员应急处置能力提供参考借鉴，也可供城市公共汽电车、出租汽车驾驶员提升应急处置能力参考。

02 应急处置原则

2.1 以人为本,生命至上

将驾乘人员的生命安全放在第一位,坚持"先人后物、救人为主、减免损失"原则,有效防范化解重大人员伤亡风险,切实把保护驾乘人员生命安全放在最高位置、作为最高准则,最大限度消除威胁驾乘人员人身安全的各类因素,减少事故损失。

2.2 沉着冷静,准确判断

保持"心态冷静、头脑清醒、反应迅速、处理果断"的状态,根据实际情况迅速作出判断,及时采取正确处理措施,克服"惊慌失措、犹豫不决"等不利心态,避免错失处置时机;同时稳定乘客情绪,防止发生二次事故,保障乘客安全。

2.3 及时减速,规避风险

按照"先制动、后转向""让速不让道"的原则,迅速降低车速,有效控制行驶方向,尽力控制安全风险,尽可能使车辆在碰撞前处于停车或低速行驶状态,同时向其他交通参与者及时传递危险信号。

道路运输驾驶员应急驾驶操作指南

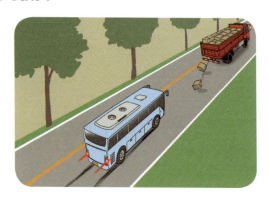

2.4 避重就轻,减少损失

　　事故发生不可避免时,对现场情况进行快速判断,按照"宁损物,确保人"的原则,采用危害较小或损失较轻的处置方案,尽可能减少事故造成的人员伤亡与财产损失。

03 应急处置操作基本要领

针对不同的突发情况,驾驶员在处置过程中,遵循基本通用处置程序,采取相应处置措施。处置程序的先后顺序,可结合现场情况灵活应对、相应调整。

3.1 减速停车

发生突发交通情况时,驾驶员要控制好转向盘,使车辆保持直线行驶,将车辆停至安全停车区域,尽量避开人群集中区域。车辆停稳后,迅速关闭点火开关,拉紧驻车制动器操纵杆,开启车辆危险报警闪光灯,夜间或视线不良天气条件下还需开启车辆示廓灯和后位灯。

3.2 警示

驾驶员应穿好反光背心,一般道路上,在故障车辆来车方向同车道50~100米处摆放危险警告标志。城市快速路和高速公路上,在故障车辆来车方向150米外摆放危险警告标志。夜间摆放危险警告标志的距离还应适当增加。在转弯路段,可视情在车辆前、后方均摆放危险警告标志。

道路运输驾驶员应急驾驶操作指南

>> 法律规定

《中华人民共和国道路交通安全法》第六十八条规定：机动车在高速公路上发生故障时，应当依照本法第五十二条的有关规定办理；但是，警告标志应当设置在故障车来车方向150米以外，车上人员应当迅速转移到右侧路肩上或者应急车道内，并且迅速报警。

机动车在高速公路上发生故障或者交通事故，无法正常行驶的，应当由救援车、清障车拖曳、牵引。

小贴士

如何快速判断警示标识设置距离

高速公路停车应在车辆150米外设置警告标志。

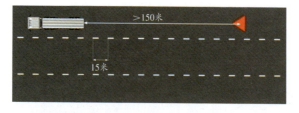

其他道路停车应在车辆后方50～100米处设置警告标志。

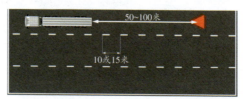

3.3 逃生

驾驶员应第一时间开启车门,组织乘客有序下车,尽快撤离危险区域。遇车门无法打开时,指导乘客通过应急门、应急窗、安全顶窗或使用应急锤等尖锐器械击破车辆侧窗进行逃生。告知乘客切勿留恋财物。火灾逃生时,应注意做好个人防护。驾驶人员不应先于乘客撤离现场。

小贴士

安全逃生方法

(1)乘客门逃生。发生紧急事故时,乘客逃生首选通道是乘客门。通常驾驶员操纵仪表板附近的乘客门应急开关,即可开启与关闭乘客门。当驾驶员无法紧急开启车门时,可通过乘客门上方设置的车门应急控制器(俗称"车门应急阀",标有提示旋转方向)手动从车内开启乘客门。

(2)应急窗逃生。目前应急窗主要有封闭式、推拉式、外推式等几种结构。应急窗上标有"应急出口"或者"EXIT"字样,通常可采用破窗器、应急锤等工具破窗,迅速打开逃生通道,使乘客安全快速撤离。

道路运输驾驶员应急驾驶操作指南

　　安装破窗器的,当遭遇险情时,打开破窗器开关盖,按压开关按钮,应急窗玻璃会瞬间爆破,只需一推,整扇玻璃即会破碎掉落。

　　未安装破窗器的,在应急窗玻璃上方中部或右上角有圆心击破点标志,借助应急锤(通常固定在应急窗附近)按其指示部位敲击即可。如没有圆心击破点标志,则需先用力敲击玻璃的边缘和四角,再猛力敲击其中部,即可破窗而出。

　　(3)安全顶窗逃生。当车辆发生事故,尤其是侧翻事故时,安全顶窗可作为乘客的撤离通道。将扳手旋转90度,用力向外推出安全顶窗,即可打开逃生通道。

　　(4)应急门逃生。应急门通常设置在车身左侧或后部。乘客门受损严重无法正常打开时,首先找到供紧急情况下使用的车内应急阀,按照阀门指示方向旋转,然后向外顺势推动应急门即可开启。

3.4 疏散

　　及时将逃离事故车辆的乘客疏散到车后100米以外的右边路侧或护栏外侧的安全区域,避免二次事故的发生。运输危险货物的车辆,根据危险货物的易爆炸、易燃、毒害、感染、腐蚀、放射性等不同危险特性及起火泄漏情况,设置初始隔离区,采取降温、灭火等处置措施,并做好周围车辆和人员的疏散工作,指挥人、车往上风口方向疏散。

03　应急处置操作基本要领

3.5 报警

及时拨打122报警电话（高速公路拨打12122），上报事故发生时间和地点、车辆号牌、人员伤亡和损失等情况。若车辆着火燃烧，同步拨打119火警电话。若出现人员伤亡，同步拨打120急救电话。交通警察、消防队员、综合交通执法人员、医生等到达现场后，现场人员应积极配合做好相关救护工作。

3.6 救助

按照"先救命，后治伤"的原则，根据人员伤情及施救者对医学知识的掌握程度进行科学有效施救，切忌随意移动、拉拽、摇晃伤

道路运输驾驶员应急驾驶操作指南

员,不能施救时应耐心等待医生救护。存在火灾、爆炸等危险时,应采取正确的搬运方法,及时将伤员转移到安全地带。对于急需救治的伤员,及时求助过往车辆送至最近的医院。

3.7 现场保护

在保证自身安全情况下,可使用相机或手机,从车辆前方、侧面和后方对事故相关车辆的位置、受损部位及受损程度等事故现场情况做好拍摄记录。因抢救伤员而变动现场的,应标记伤员的原始位置。遇不良天气条件可能会对事故现场重要痕迹、物证造成破坏的,采用塑料布、席子等对现场血迹、制动印痕、散落物等进行遮盖。

3.8 报告

事故发生后,应当按照《中华人民共和国道路交通安全法》及其实施条例、《生产安全事故报告和调查处理条例》等有关规定,及时向所属公司及发生地公安交通管理、交通运输管理部门报告,上报事故发生时间和地点、人员伤亡和事故经过等基本情况。

小贴士

报警时要明确的信息

（1）事故发生的具体地点；
（2）事故类型及危险货物泄漏、着火等情况；
（3）装运的危险货物品名、数量及危险特征；
（4）车辆周围交通环境；
（5）事故影响范围等。

04 分场景应急处置方法

4.1 乘客干扰驾驶员

1 致险情形

车辆行驶过程中,驾驶员与乘客因沟通等问题导致矛盾冲突,进而发生乘客干扰驾驶员,危及行车安全的情形。干扰行为按照强度递增分为谩骂驾驶员、抢夺车辆控制权、攻击驾驶员等。

2 处置措施及要领

发生驾乘矛盾时,为减轻驾驶员所受干扰影响,避免事态升级,

04　分场景应急处置方法

应采取对应的应急处置措施:

（1）受到谩骂干扰但未影响正常行车或人身安全时,驾驶员应先告知乘客其行为可能带来的法律后果,并责令其立即停止干扰。如果阻止无效,要立即选择安全地点靠边停车,打开危险报警闪光灯,在车后来车方向50~150米处摆放危险警告标志。在保证自身安全情况下,保持沉着冷静,尽量做好沟通解释,并尽量安抚乘客情绪。

（2）驾驶控制权或人身安全突然受到干扰时,驾驶员要尽可能保持驾驶姿势,牢牢把稳转向盘,尽量保持行车路线,尽快减速,并靠路侧选择安全地点停车,打开危险报警闪光灯,不要随意开启车门。在保证自身安全情况下,保持沉着冷静,尽量安抚乘客情绪,做好沟通解释。

（3）与乘客沟通解释过程中如果出现矛盾激化、事态升级或受到攻击时,驾驶员应及时拨打110报警电话,并向所属企业管理人员报告现场情况。如有可能,留下至少两名目击证人及其联系方式。

3 注意事项

（1）道路旅客运输车辆、城市公共汽电车应在车厢内明显位置张贴乘客文明乘车标识及安全告知,驾驶员应在发车前通过播放安全告知宣传片或以口头告知的形式,宣传安全乘车注意事项,以及妨害安全驾驶行为的定罪处罚知识等。

（2）城市公共汽电车具备条件的应当安装符合相关标准的驾驶区防护隔离设施，最大可能避免乘客干扰或攻击驾驶员安全驾驶等行为。

4.2 车辆自燃

1 致险情形

车辆行驶过程中，由于车辆自身故障、所载货物自燃、人为纵火或碰撞起火等原因，导致车辆着火燃烧。因车辆自身故障导致的自燃现象主要有发动机舱起火、轮胎起火和电器线路起火等。货物自燃包括普通货物燃烧和危险化学品燃烧爆炸等。

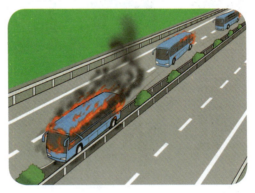

2 处置措施及要领

车辆发生火灾时，驾驶员要保持头脑清醒，根据"先人后车"的原则，首先确保乘客顺利逃生，然后尽量采取措施减少车辆及周围物品损失，及时进行报警、报告。

04　分场景应急处置方法

（1）立即选择安全区域停车，尽量避开加油站、住宅区、学校、高压线、易燃物等人员密集或易引起事态扩大的区域。关闭车辆点火开关、燃气开关。拨打122交通事故报警电话、119火警电话，并向所属单位报告。

（2）若自燃车辆为客车，要打开车门组织乘客有序撤离。若车门打不开，应指导乘客从应急门、应急窗、安全顶窗或用应急锤等尖锐器械击破车辆侧窗进行逃生。然后将乘客疏散到上风向100米以外的路侧或护栏外侧的安全区域。危险货物运输车辆驾驶员、押运员要携带

道路运输驾驶员应急驾驶操作指南

安全卡、灭火器、通信工具、防毒面具（罩）等应急用品下车。逃生时做好个人防护措施，防止吸入烟雾等损伤呼吸道。

（3）按照相关法律法规规定，在车辆后方来车方向摆放危险警告标志：城市快速路和高速公路150米以上，一般道路50~100米，夜间还应适当扩大警告牌放置距离。运输危险货物的车辆，应当根据危险货物的危险特性及起火泄漏情况设置隔离区。

（4）迅速确认起火原因和火势。若在自燃初期，尽快采用灭火器给燃烧部位降温灭火，控制火势蔓延。若发动机舱内起火，尽量避免快速打开发动机舱盖，以防止空气的快速流动，引发火势增大，可选择从车身通气孔、散热器或车底侧，对起火部位实施灭火。若危险化学品起火，应按照危险化学品的特性和扑救方法进行灭火。

04　分场景应急处置方法

（5）灭火时，站在着火车辆上风位置，将灭火器对准火焰根部喷射，由远及近，左右扫射，快速推进。同时，也可用路边的湿沙、湿土掩盖灭火。若着火车辆位于长大隧道内，且无法驶出时，可使用隧道内侧壁配置的灭火器、消火栓、固定式水成膜灭火装置等消防设施灭火。

3 注意事项

（1）行车前驾驶员要对车辆的安全状况进行检查，特别是对驾驶室内部、发动机舱、车辆外部和轮胎等部位进行安全检查，确保制动、转向、传动、悬架、轮胎、灯光、信号等设施设备以及发动机运转处于完好状态，避免车辆"带病"行驶。要做好车辆应急锤、灭火器、应急门窗等应急设施设备的检查，确保完好有效。

道路运输驾驶员应急驾驶操作指南

（2）道路危险货物运输车辆要检查危险化学品包装是否符合规定，安全应急设施、卫星定位装置、液体危险货物罐车紧急切断装置等是否安装完好、工作正常。

（3）驾驶员要积极参与企业应急处置培训，熟练掌握车辆安全应急设施设备的使用方法。

💡 小贴士

灭火器的使用方法

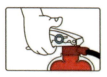
（1）提起灭火器；

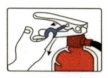
（2）拔下保险销；

（3）用力压下手柄；

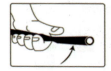
（4）对准燃烧区喷射干粉。

（4）常见起火部位的灭火介质如下。

发动机起火：使用灭火器、沙土、水等灭火。

油箱起火：使用灭火器、沙土灭火，地面有流淌火时用沙土隔离并将其扑灭。

电气系统起火：使用灭火器、沙土等灭火。

轮胎起火：使用灭火器、水、沙土等灭火，灭火后有条件的继续用水降温，防止复燃。

4.3 长大下坡制动失效

1 致险情形

车辆在长大下坡路段行驶时，由于频繁使用行车制动器，致使车辆出现制动器工作不良或因热衰退出现制动失效现象，多发于山区公路等连续下坡路段。

2 处置措施及要领

行驶过程中出现行车制动器制动不良或失效时，驾驶员应采取以下应急处置措施：

（1）立即开启危险报警闪光灯，握稳转向盘，松抬加速踏板，抢挂低速挡减速。配备有发动机排气制动、缓速器等辅助制动装置的车

道路运输驾驶员应急驾驶操作指南

辆，同时开启辅助制动装置。

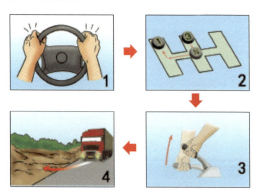

（2）告知车内人员扶稳坐好，充分利用紧急避险车道、坡道或路侧障碍物（如路侧护栏等）帮助减速停车。在不得已的情况下，可利用车厢靠向路旁的岩石、护栏、树林碰擦，甚至用前保险杠斜向撞击山坡，迫使车辆停住，以减小损失。

（3）停车后，在来车方向同车道摆放危险警告标志，在车轮下放置垫木或石块，防止车辆溜滑，及时查明原因，视情请求援助。原因未查明时，不应冒险继续驾驶。

注意事项

（1）按照规定对车辆制动系统进行定期维护，发车前做好日常检查，避免"带病"上路。

（2）日常驾驶过程中，如遇制动效能下降或制动距离延长时，及时对车辆制动系统进行检查、维修。

（3）行车过程中，发现连续下坡等交通标志时，提前控制车速，判断车辆制动性能。行车途中发现制动器出现异常情况时，及时停车排查，必要时就近维修，切莫存在侥幸心理。

（4）连续下长坡路段，提前换入低速挡，利用发动机的牵阻作用控制行驶速度，严禁弯道超车、空挡滑行或熄火滑行。

（5）鼓励道路运输企业优先选择安装缓速器或具有发动机制动、排气制动等功能的车辆。

4.4 车辆爆胎

1 致险情形

车辆爆胎主要由于轮胎老旧、异物穿刺、轮胎残损、车辆超载、超速以及胎压过高或过低等情况导致。若车辆转向轮发生爆胎，极易引发车辆失控，进而发生碰撞、侧翻等事故。

2 处置措施及要领

车辆行驶中发生爆胎，驾驶员采取以下应急处置措施：

（1）如果转向轮发生爆胎，驾驶员应立即握稳转向盘，尽量控制

道路运输驾驶员应急驾驶操作指南

车辆保持直线行驶，迅速放松加速踏板，采用"轻踩长磨"的减速方式，逐渐降低车速，选择安全地点靠边停车，打开危险报警闪光灯，来车方向同车道按规定摆放安全警告标志，更换备胎。高速行驶时严禁紧急制动。

 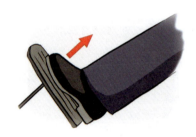

（2）如果车辆已偏离正常行驶方向，驾驶员可适当修正行驶方向，但严禁急转转向盘，防止车辆失控。车速明显降低后，可间歇轻踩制动踏板，就近选择安全区域停车。

（3）如果车辆后轮发生爆胎，驾驶员立即握稳转向盘，保持行车路线，间歇轻踩制动踏板，就近选择安全区域停车。

3 注意事项

（1）车辆高速行驶时发生爆胎，尽量避免使用行车制动器制动，以免车辆失控侧翻。

（2）公路客车、旅游客车的所有车轮和其他道路运输车辆的转向轮严禁使用翻新轮胎。

小贴士

《机动车运行安全技术条件》（GB 7258—2017）规定：公路客车、旅游客车和校车的所有车轮及其他机动车的转向轮不应装用翻新的轮胎；其他车轮若使用翻新的轮胎，应符合相关标准的规定。

（3）驾驶员要对轮胎进行日常检查、维护、定期更换。

（4）驾驶员要保持良好的驾驶习惯，守法驾驶，严禁车辆超载、超员、超速。

（5）鼓励运输企业购置使用配备轮胎压力监测系统的车辆，对胎压和胎温进行实时监控。

 小贴士

轮胎压力监测系统

轮胎压力监测系统（Tire Pressure Monitoring System，TPMS）可以对轮胎气压和温度进行自动监测，对轮胎漏气、低压、高压、高温等危险状态提前进行预警，提醒驾驶员检查并采取相应措施，以避免事故发生。据美国汽车工程师学会调查，美国每年有26万起交通事故是由于轮胎气压低或渗漏气体造成的，另外每年75%的轮胎故障是由于轮胎渗漏气体或充气不足引起的。

（6）具备条件的运输企业可为道路运输车辆转向轮安装符合标准的爆胎应急安全装置，提升车辆爆胎后的行驶稳定性。

（7）在路侧临时停车更换损坏轮胎时，应选择相对安全的地方，做好前后方的警示提醒，摆好安全警告标志，具备条件的，可安排1人在车辆来车方向150米外路侧护栏外进行警示提醒。

4.5 湿滑路面行驶

1 致险情形

常见导致路面湿滑的原因包括降雨形成的路面积水和泥状混合物，以及冰雪凝冻形成的路面冰雪层等。湿滑路面的附着系数降低，车辆在湿滑路面行驶的制动及转向稳定性下降，易引发轮胎打滑、

道路运输驾驶员应急驾驶操作指南

车辆侧滑等情况。

2 处置措施及要领

（1）因雨雪天气导致路面湿滑，驾驶员应低速行驶。在冰雪路面行驶时，应提前在车轮上安装防滑链。极端情况下，要及时靠边停车或变换到状况良好的道路行驶，防止发生事故。

（2）车辆行驶过程中，如果发生轮胎打滑、车辆侧滑，驾驶员按照以下原则进行应急处置，使车辆迅速恢复到正常行驶状态：

发生车辆侧滑，迅速向侧滑的方向小幅转动转向盘，并及时回转转向盘进行调整。若车辆配备防抱死制动装置，立即踩踏制动踏板至底部。若车辆未配备防抱死制动装置，可间歇采取行车制动措施。行车过程中，如遇湿滑路面时，严禁制动与转向同时使用，降低侧滑概率。

04　分场景应急处置方法

3 注意事项

（1）《中华人民共和国道路交通安全法》第四十二条规定，遇有沙尘、冰雹、雨、雪、雾、结冰等气象条件时，应当降低行驶速度。

（2）《中华人民共和国道路交通安全法实施条例》第四十六条规定，机动车在冰雪道路行驶时，最高行驶速度不得超过30千米/小时。

（3）在暴雨冰雪等恶劣天气下行驶时，应严格控制车速，保持安全车距，必要时开启雾灯、示廓灯。行驶中应缓踩加速及制动踏板，握稳转向盘，转向时应相应增大转弯半径，避免急转转向盘转向。

（4）遇积水路面和泥状混合物路面时，要减低车速，避免"水滑"引发车辆侧滑。遇冰雪路面时要循车辙行驶，避免车辆因路况不良侧滑，并利用道路两侧的树木、电线杆、交通标志等判断行驶路线。

（5）驾驶员在出车前要关注途经区域的天气状况，行经雨雪凝冻高发地区，应随车配备防滑链等防滑装备，若有条件可换装雪泥轮胎、雪地轮胎。

4.6 紧急躲避障碍物

1 致险情形

车辆行驶过程中，突遇前车遗撒货物、掉落零部件或车道内有障碍物等，易导致车辆躲避不及撞击损毁或过度操作失稳侧翻。

2 处置措施及要领

车辆高速行驶过程中，突然发现前方车道内有障碍物时，驾驶员要首先降低车速，并观察前方物体及周边情况，车速不高且条件允许时，可以采取避让措施；如高速状态下或周边条件不允许时，严禁急转转向盘避让。应采取以下应急处理措施：

（1）握稳转向盘，立即制动减速，尽量降低碰撞瞬间的能量，同时迅速观察车辆前方和两侧的交通状况。

（2）车速明显降低时，采取转动转向盘绕过障碍物或操控车辆向道路情况简单或障碍物较少的一侧避让。转动转向盘的幅度不应过大，转动速度不应过快。

（3）若紧急制动后，不具备转向躲避条件，无法避免撞击障碍物的，建议用车辆正前方中间位置撞击，最大限度防止车辆因撞击造成旋转失控侧翻。

（4）车辆重心较高或车速较高时，禁止采取紧急转向避让措施。

04　分场景应急处置方法

▶ 注意事项

（1）车辆高速行驶时，急转向极易造成车辆甩尾或侧翻，严禁高速行驶的车辆采取急转向避让。

（2）驾驶员驾车过程中，途经交叉路口、人行横道、施工道路、人员密集等区域时，提前注意观察、小心驾驶、减速慢行，安全通过。

（3）鼓励运输企业选择购置装备自动紧急制动系统的车辆，充分发挥科技手段的保障作用。

 小贴士

自动紧急制动系统

自动紧急制动系统（Advanced Emergency Braking System，AEBS）能有效减少或避免由于驾驶员精神不集中、疲劳驾驶导致车辆偏离车道事故或追尾事故。据欧洲统计，AEBS 能够减少38%的追尾碰撞事故，且在城市道路（限速60千米/小时）和郊区道路条件下，均能达到此效果。

4.7 驾驶视线不良

▶ 致险情形

车辆行驶过程中，外在环境变化可导致驾驶员无法清晰观察车辆周围情况，常见的视线不良情形包括暴雪、暴雨、团雾等气象因素导

道路运输驾驶员应急驾驶操作指南

致的道路能见度降低,以及夜间光照因素导致的可视距离不足。

2 处置措施及要领

车辆行驶过程中,突遇暴雪、暴雨、团雾等导致能见度快速下降,驾驶员要保持冷静,及时采取以下应急处置措施:

(1)开启前后雾灯与危险报警闪光灯,能见度过低时也要开启示廓灯、近光灯,提高警示效果。

(2)迅速降低车辆行驶速度,加大行车间距,严禁超车或变换车道,尽量选择中间车道或外侧车道行驶。

(3)握稳转向盘,连续平缓踩踏制动踏板,提醒后方车辆保持车距,避免追尾事故。

(4)能见度不具备安全行驶条件时,驾驶员应就近选择道路出口低速驶出或驶入公路服务区停车。无法驶离道路时,可将车辆停靠于紧急停车带或应急车道,开启前后雾灯与危险报警闪光灯,人员撤至路侧或护栏外侧,等待能见度恢复,同时要按规定在车后方50~150米

处摆放好危险警告标志（三角警示牌）。

（5）车辆发生事故无法继续行驶时，及时开启危险报警闪光灯，并在车辆后方放置危险警告标志。

夜间行驶遇照明不良路段时，驾驶员应保持注意力集中，谨慎驾驶，避免交通事故：

（1）严禁超速。遇地面积水反光、隧道出入口等明暗快速变化路段，以及弯道、坡路、桥梁、窄路等视距不足路段时，应提前减速，适度加大行车间距。

 小贴士

隧道视觉现象之"黑洞效应"和"白洞效应"

车辆驶进较长的隧道洞口时，在驾驶员视野中的天空、露天路面、附近建筑物等的亮度远高于隧道洞口的亮度，虽然实际上洞口也有相当的亮度，但驾驶员仍然会感到洞口很黑，像个"黑洞"，以致无法辨认洞口附近的情况，这种现象称为"黑洞效应"。

车辆从隧道内驶出时则刚好相反。驾驶员从隧道内较暗的环境过渡到隧道外部较亮的环境时，会感受到强烈的炫光，以至于只能看到一个白亮的洞口，而无法立即看清楚隧道外的状况，这种现象称为"白洞效应"。

道路运输驾驶员 应急驾驶操作指南

驾驶员驾驶车辆进出隧道时,可以戴上浅色的墨镜或者变色镜,以减弱"黑洞"和"白洞"效应的影响。但是,墨镜颜色不宜太深,否则会影响视线。

(2)关闭远光灯,使用近光灯,保持视线远离对向来车的明亮光线,避让路边行人与非机动车。如对向来车使用远光灯,影响自身观察路况,应变换远光灯、近光灯,提醒对方及时变换近光灯。

（3）车辆超车时，提前开启转向灯，变换远近光灯提醒前车驾驶员，仔细观察周围情况，在保证安全的前提下，稳妥超越前车。完成超车后，观察周围交通状况，在确保安全的情况下，驶回原车道。

（4）注意观察交通标志，及时识别陡坡、急弯、窄路、窄桥、临水临崖等复杂路面情况，提前采取减速、制动、换挡等措施。

▶ 注意事项

（1）驾驶员在出车前，要检查照明、喇叭、空调、除雾等装置，确保功能良好。

（2）行驶过程中，遇暴雨、暴雪、团雾等恶劣天气时，应就近选择安全区域停车避险，耐心等待暴雪、暴雨停止或大雾散去，待视线恢复后再行车，切忌冒险驶入低能见度区域。

（3）提前了解途经区域的天气情况，尽量主动避开恶劣天气。

4.8 突遇自然灾害

▶ 致险情形

我国部分地区自然灾害频发，极易对车辆行车安全造成严重威胁。常见的自然灾害情形包括冰雹、台风、泥石流、山体滑坡、地震等。

道路运输驾驶员应急驾驶操作指南

❷ 处置措施及要领

（1）行车过程中突遇恶劣天气时，驾驶员立即降低车速，尽量跟车行驶，保持安全车距，开启危险报警闪光灯，握稳转向盘，平稳行驶，如需改变行驶路线应尽量缓转转向盘。

（2）行车过程中，如遇暴雨、冰雹等极端恶劣天气时，要及时选择安全区域停车躲避，开启危险报警闪光灯、示廓灯。

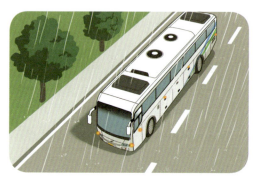

（3）行车过程中突遇台风时，驾驶员要握稳转向盘，降低车速，防止因横风作用致使行驶方向偏移，尽量减少超车。如果是逆风行驶，要注意风向突然改变或者道路出现较大弯度时，因风阻突然减小而导致车速猛然增大。

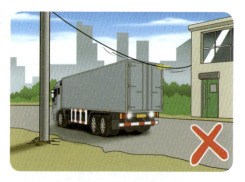

（4）行车过程中突遇泥石流、山体滑坡时，驾驶员应立即减速或停车观察，确认安全后尽快通过，或行驶到安全区域停车，情况不明

时避免自行清理路障。若行驶车辆无法避让泥石流、山体滑坡时，应及时弃车逃生，等待救援。

（5）行车过程中突遇地震时，驾驶员要握稳转向盘，立即寻找开阔地点停车，避免驶入桥梁、隧道、堤坝等设施，同时提醒车内人员加强自身防护。地震过后，应保持低速行驶，观察道路损坏情况，保障行车安全。

▶ 3 注意事项

（1）驾车行经自然灾害多发区域前，驾驶员应提前收集行驶沿途地区的天气及交通信息，熟悉高速公路出入口、沿线服务区，制定备用行车路线。

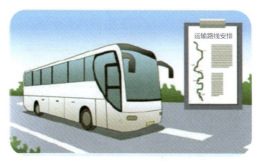

（2）雨天行车时，特别是连续大雨后，行经山区路段需注意泥石流和山体滑坡。

（3）驾驶员应根据行驶途经区域季节性气候变化情况，及时更换相适应的冷却液、机油、燃油等。行经暴雪、冰雹多发地区，要随车携带防滑链、垫木等应急工具。

 小贴士

突遇自然灾害后自我保护注意事项

车辆突遇自然灾害或地质灾害时，首先需注意收听广播，记录撤离路线、救援作业、安全指示等有价值的信息；确认被困后需及

道路运输驾驶员应急驾驶操作指南

时拨打求救电话,并注意保持手机电量,耐心等待救援;低温条件下注意保暖,可每隔1小时起动发动机或开启空调约10分钟,若燃料耗尽可利用取火设备点燃树枝和木柴生火,若没有生火条件则需注意保暖,首要部位是头部与四肢末端。

4.9 驾乘人员突发疾病

1 致险情形

车辆行驶过程中,驾驶员由于身体原因出现头昏、腹痛、心绞痛等突发疾病时,易导致车辆控制困难或失去控制,存在重大安全隐患。

2 处置措施及要领

驾驶员突发疾病时,如具备继续操作车辆的能力,应尽量控制车辆行进方向,按照"停车、开门、疏散、求救"的程序进行处置。

04 分场景应急处置方法

（1）立即开启危险报警闪光灯，夜间还需开启示廓灯、后位灯，尽快选择应急车道或紧急停车带等安全区域停车，若驾驶员无法控制腿部，可利用驻车制动器减速。

（2）车辆停稳后，拉紧驻车制动器操纵杆，打开车门并告知乘客临时停车原因，请求协助设置危险警告标志、组织现场人员安全疏散。

（3）及时采取自救措施，若病情不明或病情较严重时，立即拨打120急救电话，同时向所属企业管理人员报告现场情况及车辆停靠位置，请求救援。

乘客突发疾病时，驾驶员应保持冷静，遵循"生命至上"的原则，妥善处置。

（1）立即选择应急车道或紧急停车带等安全区域停车，开启危险报警闪光灯，设置危险警告标志。

（2）查看问询乘客病情，及时采取基本救助措施施救。

（3）若病情不明或病情较严重，立即向车内寻求专业医务人员进行救助、拨打120急救电话或送往就近医院救治，同时向其他乘客做好解释，争取乘客理解和支持。

道路运输驾驶员应急驾驶操作指南

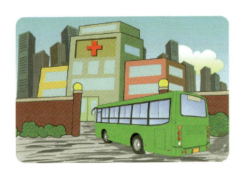

3 注意事项

（1）驾驶员定期体检，做好疾病预防工作。道路运输企业可为驾驶员提供健康咨询服务，在发车前进行安全告诫，测量血压，有条件的可随身携带必备药物。

（2）驾驶员保持良好的生活和作息习惯，学会自我保养和调节，掌握常见突发疾病的救助知识和技能，有条件的企业可随车配备急救药箱。

05 分场景紧急脱险方法

5.1 危险化学品泄漏

❶ 致险情形

在危险化学品运输过程中，因各种主观、客观因素，可能导致车辆发生碰撞、侧翻等事故，易引发危险化学品泄漏险情。

❷ 处置措施及要领

危险化学品运输过程中，一旦发现危险化学品泄漏，驾驶员、押运员在安全可控的情况下，应积极采取力所能及的救援措施。

道路运输驾驶员应急驾驶操作指南

（1）立即选择安全区域停车，关闭车辆点火开关、燃气开关。避免使用火源，禁止吸烟、打开电子设备等可能产生火花的行为。发生危险化学品泄漏时，不宜轻易移动车辆。

（2）按照相关法律法规规定，在车辆后方适当位置摆放危险警告标志：城市快速路和高速公路150米以上，一般道路50~100米。根据危险化学品的危险特性及泄漏情况设置初始隔离区，并做好周围车辆和人员的疏散工作。

（3）根据应急预案的要求，向事故发生地、车籍地相关管理部门和所属企业报告事故，提供事故现场基本信息。

（4）备好运输单据（如：托运清单、电子运单、安全卡），以便救援人员及时获取危险化学品相关信息和施救方法。

 小贴士

化学品安全技术说明书和安全标签是什么？

（1）化学品安全技术说明书由化学品供应商制作，用于说明化学品的成分和组成、危险性、理化特性、运输和储存要求、操作和应急处置等信息。

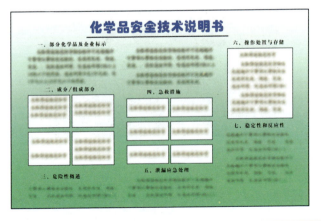

（2）安全标签注明了化学品的危险性和化学品标识、危险性说明、应急咨询电话、存储和运输要求等安全事项信息，一般粘贴、挂拴、喷印在包装或容器的明显位置。

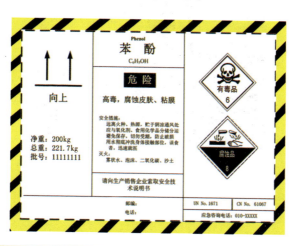

（5）不要贸然靠近或碰触泄漏的危险化学品，不要站在下风口，以免吸入废气、烟雾、粉剂和蒸汽。需要进行现场应急处置泄漏时，要做好自身防护，严格按照应急处置程序操作。

（6）在确保自身安全的前提下，使用随车应急工具阻止危险化学品渗入水生环境（如池塘、沼泽、沟渠、饮用水源等）或下水道系统。具备条件的，可自主组织收集泄漏的危险化学品。

（7）危险化学品运输车辆事故处理完毕后，脱掉被污染的衣物，和相关防护设备，并将其安全处理。

3 注意事项

（1）驾驶员和押运员应积极参加危险化学品道路运输专业知识培训、业务操作培训和应急演练，掌握所运输危险化学品的特性、应急处理方法等。

道路运输驾驶员应急驾驶操作指南

（2）选择合理的、通行条件较好的行驶路线，远离城镇、居民区，不进入危险化学品运输车辆禁止通行区域。

（3）运输易燃易爆、剧毒、腐蚀危险化学品的车辆要严格按照公安机关批准的时间、路线行驶，不得随意变更。

（4）保持安全的行车速度，在高速公路上行驶速度不得超过80千米/小时，在其他道路上行驶速度不得超过60千米/小时，夜间、雨雾冰雪等低能见度条件下要及时降速行驶。道路限速标志、标线标明的速度低于上述规定速度的，车辆行驶速度不得高于限速标志、标线标明的速度。

（5）与前方车辆保持安全行车间距，遇雨雾冰雪等恶劣天气时，要加大行车间隔距离，限速20千米/小时通行。

（6）驾驶员要保持注意力，严格按照规定进行停车休息，连续行车4小时，停车休息20分钟以上，连续行车不足4小时，出现严重疲劳

情况时，应及时停车休息。停车期间及时查看车辆技术状况，确保紧急切断阀处于关闭状态，阀门无渗漏。

>> 法律规定

《道路旅客运输企业安全管理规范》（交运发〔2018〕55号）第三十八条规定：客运企业在制定运输计划时应当严格遵守客运驾驶员驾驶时间和休息时间等规定：

（1）日间连续驾驶时间不超过4小时，夜间连续驾驶时间不得超过2小时，每次停车休息时间应不少于20分钟；

（2）在24小时内累计驾驶时间不得超过8小时；

（3）任意连续7日内累计驾驶时间不得超过44小时，期间有效落地休息；

（4）禁止在夜间驾驶客运车辆通行达不到安全通行条件的三级及以下山区公路；

（5）长途客运车辆凌晨2时至5时停止运行或实行接驳运输。

客运企业不得要求客运驾驶员违反驾驶时间和休息时间等规定驾驶客运车辆。

5.2 车辆碰撞

1 致险情形

在车辆行驶过程中,因驾驶员存在超速行驶、疲劳驾驶等违法违规驾驶行为或因路面湿滑、视线不良、车辆制动失效等,极易导致车辆发生碰撞事故。车辆碰撞情形表现为正面碰撞、追尾碰撞和侧面碰撞等险情。

2 处置措施及要领

车辆发生碰撞时,驾驶员按照"碰撞时自救、碰撞后逃生"的先后处置程序进行应急处置。首先确保发生碰撞时尽量减少人员伤亡,然后尽量采取措施顺利逃生,并及时报警、报告。

(1)车辆碰撞时自救。侧面碰撞时,驾驶员要握紧转向盘,其手臂稍微弯曲,以免肘关节脱位;身体向后倾斜,背部紧靠座椅靠背,同时双腿向前挺直抵紧驾驶室底板,使身体固定在车内。

正面碰撞或追尾碰撞时,如果碰撞不可避免,且撞击方向在驾驶员一侧,在迎面相撞发生瞬间,驾驶员要迅速抬起双腿,双手松开转向盘,身体向右侧卧,以避免身体被转向盘挤压受伤,同时提醒乘客抓紧座椅,身体靠紧椅背,防止因碰撞反弹力受伤。

05　分场景紧急脱险方法

（2）车辆碰撞后逃生。驾驶员第一时间打开车门，组织人员疏散逃生。若因车门变形、物品堵塞等造成车门无法开启时，可从应急门窗、安全顶窗或采用应急锤击破应急窗玻璃等，组织乘客逃生。

（3）及时报警、报告。驾驶员在做好车上乘客疏散后，应立即拨打122报警电话（在高速公路拨打12122），报告事故相关情况，并向所属企业、所在地相关管理部门报告。

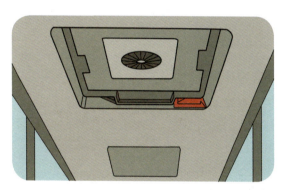

3 注意事项

（1）在客车上应设置应急门、安全出口等指示标志，配备应急锤，客运驾驶员应积极参与企业组织的应急处置培训，若发生紧急情况可及时引导乘客逃生。

（2）行车中应遵章守规，驾乘人员系好安全带，严禁超速行驶、强行超车、争抢车道、占道行驶、弯道超车等，切忌疲劳驾驶。

5.3　车辆侧翻

1 致险情形

车辆在松软路面、弯道等路段行驶时，由于侧滑、转向过度等因素易导致车辆侧翻。

道路运输驾驶员应急驾驶操作指南

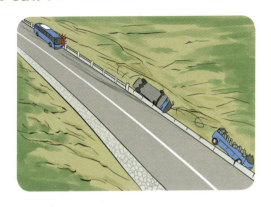

2 处置措施及要领

车辆侧翻,驾驶员按照"侧翻时自救、侧翻后逃生"的先后处置程序进行应急处置。首先,确保发生侧翻时尽量减少人员伤亡,然后尽量采取措施顺利逃生,并及时报警、报告。

(1)车辆侧翻时自救。驾驶员感到车辆要侧翻时,双手要紧握转向盘,背部紧靠座椅靠背,随车体一起侧翻。当车辆连续翻滚时,驾驶员抓紧车内固定物体将身体稳住,避免被甩出车外。发生缓慢翻车有可能跳车逃生时,要向翻车相反方向跳车。若感到不可避免地要被抛出车外时,要在被抛出的瞬间,猛蹬双腿,借势跳出车外。跳出车外落地后,应力争双手抱头顺势向惯性力的方向多滚动一段距离,以躲开车体,增大离开危险区的距离。

向翻车的反方向跳出。

（2）车辆侧翻后逃生。根据车辆侧翻地点的地形地貌和车辆重心，迅速判断车辆是否有可能继续翻滚，尽可能就地稳定车辆重心，防止险情扩大。在救援人员赶到之前，驾驶员要积极组织乘客自救，指挥乘客按次序迅速离开车辆。若因车门变形、物品堵塞等造成车门无法开启时，可通过应急门窗、安全顶窗或采用应急锤击破应急窗玻璃等组织乘客逃生。

❸ 注意事项

（1）车辆行驶过程中，驾驶员应系好安全带，并督促检查乘客使用安全带。

（2）严禁车辆超载、超员、超速，确保货运车辆装载均匀。

（3）严禁匝道超速、弯道超车，保持车距，避免急踩制动踏板。

5.4 车辆起火

❶ 致险情形

在行驶过程中，车辆发生起火情况较为常见，起火原因一般是货物自燃、车辆维护检查不到位或其他人为因素导致，常见着火位置主要为货箱（厢）、发动机舱、轮胎，以及人为因素导致的客车车厢内部着火。

❷ 处置措施及要领

车辆起火时，驾驶员应保持头脑清醒，根据"先人后车"的原则，按照"停车、开门、断电、疏散、警示、扑救、报警"等一系列处置程序进行应急处置。首先，确保人员顺利逃生，然后尽量采取措施减少车辆及周围物品损失，及时进行报警、报告。

（1）立即选择安全地段停车，尽量避开加油站、人员密集区、住宅区、学校、高压线、易燃物、树林等区域。

道路运输驾驶员应急驾驶操作指南

（2）打开车门，关闭车辆点火开关、电源总开关。若情况紧急，可就地停车，及时疏散车上和车外人员，做好后方安全警示。

（3）若车门打不开，应组织乘客打开应急门窗或用应急锤击破车窗玻璃，让乘客尽快从应急门、应急窗逃生。

（4）车厢内着火时，驾驶员应首先利用车内应急逃生设施、设备打开车辆应急逃生通道，并利用车载灭火器灭火，压制火势，减少乘客受伤的危险。

发动机或轮胎着火时，应尽量不要打开发动机罩，并从车身通气孔、散热器或车底侧采取灭火措施。

（5）灭火时，应站在着火车辆上风位置顺风对准火源根部灭火。同时，也可用路边的湿沙、湿土掩盖火源灭火。若起火位置位于长大隧道内，且车辆无法驶出时，可使用隧道内侧壁配置的灭火器、消火栓、固定式水成膜灭火装置等消防设施灭火。

 小贴士

隧道内发生火灾时，可采用以下方法逃生：

（1）车辆逃生自救。

隧道内发生其他车辆自燃或火灾事故时，处于火灾点下风向的车辆应该继续前行，在确保行车安全前提下快速驶离隧道；而对处于火灾点上风向的车辆，驾乘人员应该果断下车，利用逃生通道进行紧急疏散。弃车逃离时，驾驶员应将车钥匙留在车内，方便后续救援人员在紧急情况下移走车辆，打开"生命通道"。切忌不可掉头逆向驶出隧道，这样可能会造成秩序混乱，引发次生事故。

在隧道内逃生时，驾乘人员应沉着冷静，听从隧道运营管理单位的统一指挥和引导，驾驶车辆向前驶出隧道或根据指挥及时掉头驶离危险区域；同时按照沿线信息提示，利用隧道之间的车行横通道或洞口撤离至安全区域。

（2）个人烟雾防护。

隧道内火灾事故最危险的不是火，而是烟。特别是在长隧道内发生火灾事故，驾乘人员容易在浓烟中窒息和中毒。逃生时，驾乘人员应做好个人烟雾防护，用水沾湿手巾或衣物（可用矿泉水或隧道内消防水）捂住口鼻，借以滤烟防毒，并俯身往上风方向快速行走（或快速爬行）。同时严禁高声喊叫，否则会吸入较多的烟雾和有毒气体。

（3）紧急通道逃生。

隧道内逃生时，驾乘人员应根据疏散指示标志指引，沿着隧道内侧俯身往上风方向逃离；同时要留意听从隧道应急广播的统一指挥和引导，通过紧急疏散通道（人行横通道、车行横通道、平行通道以及隧道车道板下通道等）或出口撤离。

（4）车内乘员脱困。

在隧道行驶过程中，若遇到车辆自燃、起火或刑事纵火时，驾驶员要积极自救并组织车上乘员撤离车辆，以免发生爆燃事故。疏散时注意维护秩序，切忌慌乱，须注意隧道内其他通行的车辆，以免进一步造成踩踏、碰撞事故，使伤害范围扩大。

他救时，应采取正确的搬运方法，及时将伤员转移到安全地带。如果脱困过程中驾乘人员身上衣物起火，可迅速脱去燃烧的衣物，或就地卧倒，缓慢打滚压灭火焰。

道路运输驾驶员应急驾驶操作指南

（6）在疏散乘客时要沿逆风方向躲避。当火焰逼近身体时，应注意保护好裸露的皮肤，不要张嘴呼吸或高声呼喊，以防烟火灼伤上呼吸道。

（7）驾驶员在做好车上乘客疏散后，应立即拨打119、122报警电话，报告事故相关情况，并向所属企业报告。

❸ 注意事项

（1）严禁驾驶非法改装车辆上路，应按照规定对车辆做好定期维护和发车前的日常检查。

（2）客运车辆应当按规定开展安全例检，严格执行"三不进站，六不出站"制度，避免车辆或乘客违规携带违禁易燃、易爆危险化学品。普通货运车辆严禁违规运输危险化学品。

05　分场景紧急脱险方法

（3）客运车辆应当按规定配备符合相关标准的外推式车窗、自动破窗器、应急锤等应急设施设备。

（4）车辆必须配备灭火器等消防器材。出车前检查灭火器指示针是否指示在正常的压力区域，若发现有问题时应立即更换或维修，确保灭火器能够正常使用。

（5）驾驶员在发车前应熟练掌握车辆配备的安全应急设施设备的使用方法。

5.5 车辆落水

1 致险情形

在车辆行驶过程中，车辆因失控等坠入路侧时，容易导致车辆落入水塘、溪流等出现落水险情。

2 处置措施及要领

车辆落水后，驾驶员应保持头脑清醒，按照"开门、砸窗、疏

道路运输驾驶员应急驾驶操作指南

散、逃生"的处置程序进行应急处置。

（1）车辆落水瞬间，切勿急于解开安全带，防止落水时的冲击力造成身体受伤，不要试图关闭车窗阻挡车内进水或拨打报警、急救电话，以免耽误逃生时机。

（2）车辆刚落水尚未完全下沉时，驾驶员应尽快解开安全带，第一时间开启车门或车窗，组织乘客疏散逃生。当外部水压较大难以开启车门或车窗时，驾驶员要迅速使用应急锤等尖锐器械砸开车窗等，组织逃生。如果车上未配备应急锤，可将座椅头枕拔下，用尖锐的插头敲击侧面玻璃，或把座椅金属插头插入侧窗玻璃缝隙中，撬碎玻璃。

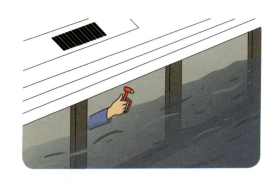

（3）车辆完全下沉时，驾驶员要采取一切可能措施，打开车门或打碎车窗玻璃，尽最大可能组织乘客逃生。

▶ 注意事项

（1）雨季或大暴雨后，桥涵路面出现积水时，切勿盲目涉水行驶，应先探明积水深度，确认安全后再通行，必要时选择其他路线改道行驶。

05　分场景紧急脱险方法

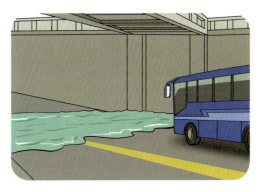

（2）从车内逃生时，要提醒乘客注意抓稳门框或窗框，防止被涌入的水流冲回车内。逃离车厢后，要第一时间寻找漂浮物，保持面部朝上，并积极寻求救援。